Commentaire de texte

Document rédigé par Alexandre Salcède
Maitre en lettres modernes
(Université Paris III – Sorbonne nouvelle)

Dom Juan
Acte III, scène 2
Molière

lePetitLittéraire.fr

Rendez-vous sur lePetitLittéraire.fr et découvrez :

- plus de 1200 analyses
- claires et synthétiques
- téléchargeables en 30 secondes
- à imprimer chez soi

Code promo : LPL-PRINT-10

10 % DE RÉDUCTION SUR www.lePetitLitteraire.fr

TEXTE ÉTUDIÉ 7
Acte III, scène 2
Notes

MISE EN CONTEXTE 10

COMMENTAIRE 11
Stratégies de Dom Juan face au pauvre
La question religieuse
Un avertissement au centre de la pièce

CONCLUSION 17

POUR ALLER PLUS LOIN 18

Molière
Dramaturge, comédien et chef de troupe français

- **Né en 1622 à Paris**
- **Décédé en 1673 dans la même ville**
- **Quelques-unes de ses œuvres :**
  - *Dom Juan* (1665), comédie
  - *L'Avare* (1668), comédie
  - *Le Bourgeois gentilhomme* (1670), comédie-ballet

À la fois auteur, metteur en scène, directeur de troupe et comédien, Molière (de son vrai nom Jean-Baptiste Poquelin) nait à Paris en 1622 dans la bourgeoisie aisée. Il s'oriente très tôt vers le théâtre et fonde avec la comédienne Madeleine Béjart la troupe de l'Illustre-Théâtre. Après douze ans de théâtre itinérant en province, il revient à Paris où il est remarqué par Louis XIV qui le prend à son service.

Il écrit essentiellement des comédies dans lesquelles, sous le couvert du rire, il met au jour les défauts de ses contemporains (la préciosité, le pédantisme, l'avarice, etc.) et critique la société du XVIIe siècle (les pères autoritaires, les faux dévots, les médecins charlatans, etc.) Ses nombreuses pièces exercent encore aujourd'hui une influence considérable et font de Molière un auteur majeur du siècle classique.

Il meurt à Paris en 1673.

Dom Juan
Dom Juan ou le libertin châtié

- **Genre :** pièce de théâtre
- **Édition de référence :** *Dom Juan*, Paris, Larousse, coll. « Petits Classiques Larousse », 2011, 189 p.
- **1ʳᵉ édition :** 1665
- **Thématiques :** hypocrisie, libertinage, aventure, immoralité, amour, hédonisme

Dom Juan est donné pour la première fois le 15 février 1665, alors que *Le Tartuffe* (1664) est toujours interdit. La pièce connait un grand succès au cours des quinze premières représentations, mais Molière supprime dès le deuxième soir la scène du pauvre. Puis, comme pour *Le Tartuffe*, on accuse Molière d'impiété, lui reprochant, notamment, d'avoir choisi en Sganarelle un piètre défenseur de la religion face à Dom Juan.

Reprise à la comédie espagnole et aux Italiens, cette tragicomédie qui est aussi une pièce à machines mêle tous les genres et ne respecte pas la règle des trois unités. Non publiée du vivant de l'auteur, la pièce sera redécouverte aux siècles suivants et le « grand seigneur méchant homme » que Molière condamne va devenir un mythe qui fascine.

TEXTE ÉTUDIÉ

ACTE III, SCÈNE 2

Dom Juan, Sganarelle, un pauvre.

SGANARELLE
Enseignez-nous un peu le chemin qui mène à la ville.

LE PAUVRE
Vous n'avez qu'à suivre cette route, Messieurs, et détourner à main droite quand vous serez au bout de la forêt. Mais je vous donne avis que vous devez vous tenir sur vos gardes, et que depuis quelque temps il y a des voleurs ici autour.

DOM JUAN
Je te suis bien obligé, mon ami, et je te rends grâce de tout mon cœur.

LE PAUVRE
Si vous vouliez, Monsieur, me secourir de quelque aumône ?

DOM JUAN
Ah ! ah ! ton avis est intéressé, à ce que je vois.

LE PAUVRE
Je suis un pauvre homme, Monsieur, retiré tout seul dans ce bois depuis dix ans, et je ne manquerai pas de prier le Ciel qu'il vous donne toute sorte de biens.

Dom Juan
Eh, prie-le qu'il te donne un habit, sans te mettre en peine des affaires des autres.

Sganarelle
Vous ne connaissez pas Monsieur, bonhomme ; il ne croit qu'en deux et deux sont quatre, et en quatre et quatre sont huit.

Dom Juan
Quelle est ton occupation parmi ces arbres ?

Le pauvre
De prier le Ciel tout le jour pour la prospérité des gens de bien qui me donnent quelque chose.

Dom Juan
Il ne se peut donc pas que tu ne sois bien à ton aise.

Le pauvre
Hélas, Monsieur, je suis dans la plus grande nécessité du monde.

Dom Juan
Tu te moques : un homme qui prie le Ciel tout le jour, ne peut pas manquer d'être bien dans ses affaires.

Le pauvre
Je vous assure, Monsieur, que le plus souvent je n'ai pas un morceau de pain à mettre sous les dents.

Dom Juan
Voilà qui est étrange, et tu es bien mal reconnu de tes soins ; ah, ah, je m'en vais te donner un louis d'or tout à l'heure, pourvu que tu veuilles jurer[1].

LE PAUVRE
Ah, Monsieur, voudriez-vous que je commisse un tel péché ?

DOM JUAN
Tu n'as qu'à voir si tu veux gagner un louis d'or ou non, en voici un que je te donne si tu jures ; tiens, il faut jurer.

LE PAUVRE
Monsieur !

SGANARELLE
Va, va, jure un peu, il n'y a pas de mal.

DOM JUAN
Prends, le voilà : prends te dis-je, mais jure donc.

LE PAUVRE
Non Monsieur, j'aime mieux mourir de faim.

DOM JUAN
Va, va, je te le donne pour l'amour de l'humanité. Mais que vois-je là ? Un homme attaqué par trois autres ? La partie est trop inégale, et je ne dois pas souffrir cette lâcheté.

Il court au lieu du combat.

NOTES

1. Jurer : blasphémer, pécher contre le nom de Dieu.

MISE EN CONTEXTE

Dom Juan ou le Festin de pierre, dont la première représentation a eu lieu en 1665, a été composé par Molière peu de temps après *Le Tartuffe* (1664), dont le personnage éponyme est un faux dévot. La question de la religion et de la sincérité de ceux qui la pratiquent y est centrale et les dévots, conscients d'être visés directement par la pièce, ont fait pression auprès du roi pour qu'elle soit interdite.

Immédiatement après, Molière se remet au travail avec *Dom Juan*, en utilisant une intrigue qui existait déjà, puisque Tirso de Molina (auteur dramatique espagnol, 1583-1648) avait écrit *Le Trompeur de Séville et le Convive de pierre*. Molière dépeint ainsi les mœurs de Dom Juan, séducteur inconstant ayant besoin de conquérir toutes les femmes qu'il rencontre, bafouant un grand nombre de conventions sociales et de règles religieuses. L'extrait commenté a été censuré dès la deuxième représentation, Dom Juan s'y moquant trop de la religion.

Au début de l'acte III, Dom Juan et son valet, Sganarelle, sont déguisés : le premier porte des habits de campagne et le second un costume de médecin, qui donne au valet le courage de discuter avec son maitre de sujets sérieux et surtout des croyances de Dom Juan. Celui-ci dit ne croire qu'en « deux et deux sont quatre » et en « quatre et quatre sont huit ». Après avoir évoqué la création du monde ainsi que d'autres questions religieuses, Dom Juan s'aperçoit qu'ils se sont égarés et envoie Sganarelle demander leur chemin à un pauvre.

COMMENTAIRE

STRATÉGIES DE DOM JUAN FACE AU PAUVRE

La supériorité de Dom Juan

Dom Juan, parce qu'il est noble, a un ascendant naturel sur le pauvre, qu'il tutoie tandis que celui-ci le vouvoie. De plus, c'est lui qui pose des questions à ce dernier, duquel il exige des réponses. Le pauvre est donc en position d'infériorité.

Dom Juan, faisant preuve d'ironie, feint d'être surpris de la position paradoxale du pauvre, qui prie mais se trouve dans « la plus grande nécessité ». « Tu te moques : un homme qui prie le Ciel tout le jour ne peut pas manquer d'être bien dans ses affaires » : cette réplique est marquée par l'ironie, puisque Dom Juan sait pertinemment que l'homme qui est en face de lui est réellement dans le besoin. De la même manière, lorsqu'il remercie le pauvre avec chaleur (« Je te suis bien obligé, mon ami, et je te rends grâce de tout mon cœur »), il est possible d'entendre derrière cette emphase et ces formules exagérément polies de la raillerie. Dom Juan sait pertinemment que le pauvre ne veut pas se faire payer de mots. De plus, les interjections dont il ponctue ses répliques (« ah ! ah ! » ; « eh ! ») montrent qu'il oscille entre rire et sarcasme.

À la fin du passage, Dom Juan court au combat parce que « la partie est trop inégale ». Mais il y a également un déséquilibre dans cette scène : le maître et son valet (celui-ci dit d'ailleurs au pauvre « enseignez-*nous* ») forment un couple opposé au pauvre. Dans la scène avec Done Elvire, Sganarelle se plaignait de servir « pareil maitre ». Ici, il se positionne en tant que double de son maitre. Il cite les propos de ce dernier dans la scène précédente : « Il ne croit qu'en deux et deux sont quatre et en quatre et quatre sont huit. » Ses trois répliques permettent de constater une évolution : il passe du vouvoiement (« Enseignez-nous » ; « Vous ne connaissez pas Monsieur, bonhomme ») au tutoiement (« Va, va, jure donc un peu »), imitant le discours de son maitre. On a reproché à Molière d'avoir contrebalancé l'impiété de Dom Juan par le personnage de Sganarelle, plus superstitieux que religieux. Dans la scène précédente, il dit croire au « Moine bourru », personnage imaginaire des croyances populaires.

Le recours au geste

Les présentatifs « voici », « voilà » ainsi que les verbes « tiens », « prends » (répété) et « donne » montrent que le personnage joue avec le louis d'or comme on agite une carotte devant l'âne pour le faire avancer. Il s'agit de didascalies internes qui indiquent la présence sur scène de cet accessoire. On peut penser que Dom Juan a recours au geste pour rendre son argumentaire plus fort, plus vivant. Cet accessoire est pour lui l'occasion de se montrer insistant : il se répète (« si tu jures ; tiens, il faut jurer », « prends, le voilà ; prends, te dis-je ») et use de l'impératif.

Pourtant, la dernière réplique du pauvre, son refus définitif de jurer, montre que Dom Juan a échoué. « Va, va, je te le donne pour l'amour de l'humanité » : la formule est parodique, elle reprend l'expression « pour l'amour de Dieu » et remplace Dieu par l'homme. Cette réplique, qui a fait scandale et a été censurée dès la deuxième représentation, permet à Dom Juan de ne pas perdre complètement la face. Cependant, il n'a pas réussi à convaincre son interlocuteur et à lui faire substituer l'homme à Dieu.

LA QUESTION RELIGIEUSE

Le pauvre, figure chrétienne par excellence

Le pauvre est une figure centrale du christianisme (« Il est plus facile à un chameau de passer par le trou d'une aiguille qu'à un riche d'entrer dans le royaume de Dieu », Marc, 10, 25). Plus précisément, le pauvre de la scène semble être un ermite, c'est-à-dire un homme qui s'est retiré de la vie pour prier, comme le montre la réplique où il se présente : « Je suis un pauvre homme, Monsieur, retiré tout seul dans ce bois depuis dix ans. » Les chrétiens ont pour devoir de faire la charité aux démunis. Ainsi Dom Juan manque-t-il gravement à un devoir chrétien.

Le pauvre est nommé « Francisque » dans la liste des personnages. Ce nom n'est pas mentionné dans la scène. Cependant, il fait penser à l'ordre des Franciscains, ordre de moines fondé par saint François d'Assise (1182-1226) au XIIIe siècle. Il est donc un représentant du Christ ; la manière dont Dom Juan se moque de lui a par conséquent particulièrement choqué les contemporains de Molière.

Au devoir de charité, Dom Juan oppose une forme d'individualisme. Sa réplique « Eh ! prie-le qu'il te donne un habit sans te mettre en peine des affaires des autres » va à l'encontre de la morale chrétienne et du message du Christ qui invite ses fidèles à aimer les autres autant qu'eux-mêmes. Si l'on avait à se prononcer sur la préférence de l'auteur à ce sujet, il serait difficile de choisir. Si en effet le pauvre ne renonce pas à sa foi et semble mettre Dom Juan en échec, il illustre cependant une conception pour le moins discutable de la prière, qui ne l'éloigne finalement pas tellement du libertin auquel il s'adresse. Lorsqu'il affirme que son occupation est « de prier le Ciel tout le jour pour la prospérité des gens de bien qui [lui] donnent quelque chose », il affirme implicitement que la prière – et donc le salut – sont monnayables.

Biens matériels et spirituels : Dom Juan rationaliste

Le pauvre promet de prier afin que Dieu accorde à Dom Juan « toute sorte de biens » si celui-ci lui donne une aumône. Immédiatement, celui-ci restreint ces « biens » aux seuls biens matériels (« prie-le qu'il te donne un habit »). De la même manière, la récompense que Dom Juan propose au pauvre est un louis d'or. Il oppose donc aux biens spirituels promis par la religion, au bonheur dans l'au-delà, un louis d'or, c'est-à-dire le bonheur matériel. Au lieu d'attendre un au-delà qui pourrait ne pas exister, il lui propose de jouir ici et maintenant.

La citation de Sganarelle : « il ne croit qu'en deux et deux sont quatre et en quatre et quatre sont huit » énonce le credo rationaliste de Dom Juan. Du point de vue de la raison, de la logique, il est effectivement étonnant que le pauvre soit pauvre alors qu'il dit pouvoir obtenir des faveurs pour les autres. Dom Juan est un libertin, au sens que prend ce mot au XVIIe siècle : il conteste les dogmes religieux et est matérialiste (suivant une doctrine qui explique la création du monde par des phénomènes scientifiques).

UN AVERTISSEMENT AU CENTRE DE LA PIÈCE

Dom Juan le tentateur

Dom Juan cherche à convertir le pauvre : les rôles sont donc inversés. Sa religion est celle qui met l'homme, et non Dieu, au centre des préoccupations humaines. L'épisode biblique qui est ici repris est celui de la tentation du Christ au désert. Jésus, après avoir passé quarante jours seul dans le désert, est tenté par le diable qui lui propose toutes sortes de richesses matérielles, mais résiste à la tentation (cf. Marc 1, 12-13 ; Matthieu 4, 1-11 ; Luc 4, 1-13). Dom Juan incarne ainsi la figure du tentateur, c'est-à-dire du diable.

Le pauvre conduit, il indique le chemin qui mène vers le bien, vers la sécurité, vers la droite. Cette direction est en effet connotée positivement dans le christianisme, comme le montre notamment ce verset de l'Évangile de Matthieu : « [Dieu] séparera les uns d'avec les autres, comme le berger sépare les brebis d'avec les boucs et Il placera les brebis à Sa droite, et les boucs à Sa gauche. » (Matthieu, 25, 32-33) Le « chemin qui mène à la ville » est donc métaphorique : c'est le chemin qui mène à Dieu. Dom Juan, quant à lui, séduit (du latin ecclésiastique *seducere*, « détourner du droit chemin ») : il cherche à éloigner le pauvre de ce que les chrétiens nomment « la voie du Seigneur ». Tout comme il séduit les femmes au moyen de la parole, de même qu'il est motivé par le plaisir de conquérir, cette rencontre avec le pauvre est une occasion pour Dom Juan d'accomplir une autre conquête – ses crédos étant l'addition et la multiplication –, en ramenant le religieux à la raison.

Une mise en garde du libertin

Le prénom du pauvre, Francisque, évoque saint François d'Assise, un saint issu d'une riche famille de marchands qui a mené une vie de débauche, comme Dom Juan, avant de se convertir. Le pauvre le dit lui-même : il s'est « retiré ». On peut donc penser qu'il a renoncé aux richesses matérielles. Dom Juan a donc face à lui un modèle de sainteté à suivre que ses principes rationnels l'empêchent de voir.

Le pauvre avertit Dom Juan et Sganarelle de la présence de voleurs lorsqu'ils lui demandent leur chemin. Son avertissement se concrétise dans la dernière réplique de Dom Juan : « Mais que vois-je là ? un homme attaqué par trois autres ? La partie est trop inégale, et je ne dois pas souffrir cette lâcheté. » Le personnage préfère l'honneur, qui est une vertu sociale, chevaleresque, à la charité, vertu religieuse et tenant selon lui de la superstition. Au lieu de tenir compte de l'avertissement du pauvre, il court au-devant du danger comme le montre la didascalie qui clôt la scène.

CONCLUSION

De la même manière qu'au début de l'acte II où la barque de Dom Juan et Sganarelle se renverse et qu'ils manquent de se noyer, la scène 2 de l'acte III constitue un avertissement. Avant même l'arrivée du Commandeur, des évènements viennent signaler à Dom Juan que son comportement irrite le ciel.

Cette scène est ainsi l'occasion pour celui-ci de tourner en ridicule la religion. Il échoue cependant à convertir le pauvre à sa religion sans Dieu, où l'individu est au centre de tout. Malgré cette forte charge symbolique, la scène garde un potentiel comique notamment grâce aux répliques de Sganarelle, que l'habit de médecin rend plus sûr de lui, et grâce au jeu avec le louis d'or, qui peut donner lieu à de vrais tours de passe-passe sur scène.

POUR ALLER PLUS LOIN

ÉDITION DE RÉFÉRENCE

- Molière, *Dom Juan*, Paris, Larousse, coll. « Petits Classiques Larousse », 2011, 189 p.

SUR LEPETITLITTÉRAIRE.FR

- Fiche de lecture sur *Amphitryon* de Molière
- Fiche de lecture sur *Dom Juan* de Molière
- Fiche de lecture sur *George Dandin* de Molière
- Fiche de lecture sur *L'Avare* de Molière
- Fiche de lecture sur *Le Bourgeois gentilhomme* de Molière
- Fiche de lecture sur *L'École des femmes* de Molière
- Fiche de lecture sur *Le Malade imaginaire* de Molière
- Fiche de lecture sur *Le Médecin volant* de Molière
- Fiche de lecture sur *Le Misanthrope* de Molière
- Fiche de lecture sur *Le Tartuffe* de Molière
- Fiche de lecture sur *L'Impromptu de Versailles* de Molière
- Fiche de lecture sur *Les Femmes savantes* de Molière
- Fiche de lecture sur *Les Fourberies de Scapin* de Molière
- Fiche de lecture sur *Les Précieuses ridicules* de Molière
- Questionnaire de lecture sur *Dom Juan*

Retrouvez notre offre complète sur lePetitLittéraire.fr

- des fiches de lectures
- des commentaires littéraires
- des questionnaires de lecture
- des résumés

ANOUILH
- Antigone

AUSTEN
- Orgueil et Préjugés

BALZAC
- Eugénie Grandet
- Le Père Goriot
- Illusions perdues

BARJAVEL
- La Nuit des temps

BEAUMARCHAIS
- Le Mariage de Figaro

BECKETT
- En attendant Godot

BRETON
- Nadja

CAMUS
- La Peste
- Les Justes
- L'Étranger

CARRÈRE
- Limonov

CÉLINE
- Voyage au bout de la nuit

CERVANTÈS
- Don Quichotte de la Manche

CHATEAUBRIAND
- Mémoires d'outre-tombe

CHODERLOS DE LACLOS
- Les Liaisons dangereuses

CHRÉTIEN DE TROYES
- Yvain ou le Chevalier au lion

CHRISTIE
- Dix Petits Nègres

CLAUDEL
- La Petite Fille de Monsieur Linh
- Le Rapport de Brodeck

COELHO
- L'Alchimiste

CONAN DOYLE
- Le Chien des Baskerville

DAI SIJIE
- Balzac et la Petite
- Tailleuse chinoise

DE GAULLE
- Mémoires de guerre III. Le Salut. 1944-1946

DE VIGAN
- No et moi

DICKER
- La Vérité sur l'affaire Harry Quebert

DIDEROT
- Supplément au Voyage de Bougainville

DUMAS
- Les Trois Mousquetaires

ÉNARD
- Parlez-leur de batailles, de rois et d'éléphants

FERRARI
- Le Sermon sur la chute de Rome

FLAUBERT
- Madame Bovary

FRANK
- Journal d'Anne Frank

FRED VARGAS
- Pars vite et reviens tard

GARY
- La Vie devant soi

GAUDÉ
- La Mort du roi Tsongor
- Le Soleil des Scorta

GAUTIER
- La Morte amoureuse
- Le Capitaine Fracasse

GAVALDA
- 35 kilos d'espoir

GIDE
- Les Faux-Monnayeurs

GIONO
- Le Grand Troupeau
- Le Hussard sur le toit

GIRAUDOUX
- La guerre de Troie n'aura pas lieu

GOLDING
- Sa Majesté des Mouches

GRIMBERT
- Un secret

HEMINGWAY
- Le Vieil Homme et la Mer

HESSEL
- Indignez-vous !

HOMÈRE
- L'Odyssée

HUGO
- Le Dernier Jour d'un condamné
- Les Misérables
- Notre-Dame de Paris

HUXLEY
- Le Meilleur des mondes

IONESCO
- Rhinocéros
- La Cantatrice chauve

JARY
- Ubu roi

JENNI
- L'Art français de la guerre

JOFFO
- Un sac de billes

KAFKA
- La Métamorphose

KEROUAC
- Sur la route

KESSEL
- Le Lion

LARSSON
- Millenium I. Les hommes qui n'aimaient pas les femmes

LE CLÉZIO
- Mondo

LEVI
- Si c'est un homme

LEVY
- Et si c'était vrai...

MAALOUF
- Léon l'Africain

MALRAUX
- La Condition humaine

MARIVAUX
- La Double Inconstance
- Le Jeu de l'amour et du hasard

MARTINEZ
- Du domaine des murmures

MAUPASSANT
- Boule de suif
- Le Horla
- Une vie

MAURIAC
- Le Nœud de vipères

MAURIAC
- Le Sagouin

MÉRIMÉE
- Tamango
- Colomba

MERLE
- La mort est mon métier

MOLIÈRE
- Le Misanthrope
- L'Avare
- Le Bourgeois gentilhomme

MONTAIGNE
- Essais

MORPURGO
- Le Roi Arthur

MUSSET
- Lorenzaccio

MUSSO
- Que serais-je sans toi ?

NOTHOMB
- Stupeur et Tremblements

ORWELL
- La Ferme des animaux
- 1984

PAGNOL
- La Gloire de mon père

PANCOL
- Les Yeux jaunes des crocodiles

PASCAL
- Pensées

PENNAC
- Au bonheur des ogres

POE
- La Chute de la maison Usher

PROUST
- Du côté de chez Swann

QUENEAU
- Zazie dans le métro

QUIGNARD
- Tous les matins du monde

RABELAIS
- Gargantua

RACINE
- Andromaque
- Britannicus
- Phèdre

ROUSSEAU
- Confessions

ROSTAND
- Cyrano de Bergerac

ROWLING
- Harry Potter à l'école des sorciers

SAINT-EXUPÉRY
- Le Petit Prince
- Vol de nuit

SARTRE
- Huis clos
- La Nausée
- Les Mouches

SCHLINK
- Le Liseur

SCHMITT
- La Part de l'autre
- Oscar et la Dame rose

SEPULVEDA
- Le Vieux qui lisait des romans d'amour

SHAKESPEARE
- Roméo et Juliette

SIMENON
- Le Chien jaune

STEEMAN
- L'Assassin habite au 21

STEINBECK
- Des souris et des hommes

STENDHAL
- Le Rouge et le Noir

STEVENSON
- L'Île au trésor

SÜSKIND
- Le Parfum

TOLSTOÏ
- Anna Karénine

TOURNIER
- Vendredi ou la Vie sauvage

TOUSSAINT
- Fuir

UHLMAN
- L'Ami retrouvé

VERNE
- Le Tour du monde en 80 jours
- Vingt mille lieues sous les mers
- Voyage au centre de la terre

VIAN
- L'Écume des jours

VOLTAIRE
- Candide

WELLS
- La Guerre des mondes

YOURCENAR
- Mémoires d'Hadrien

ZOLA
- Au bonheur des dames
- L'Assommoir
- Germinal

ZWEIG
- Le Joueur d'échecs

Et beaucoup d'autres sur lePetitLittéraire.fr

© lePetitLittéraire.fr, 2014. Tous droits réservés.

www.lepetitlitteraire.fr

ISBN version imprimée : 978-2-8062-3591-6
ISBN version numérique : 978-2-8062-3265-6
Dépôt légal : D/2011/12.603/457

Conception numérique : Primento,
le partenaire numérique des éditeurs